L'esclavage ancien et moderne

LES ESSENTIELS MILAN JUNIOR

Sommaire

Aujourd'hui encore

Pour les plus curieux

Introduction

Lorsque, de nos jours, on parle d'esclavage et de traite des Noirs, nous sommes scandalisés. Et c'est tout à fait normal tant cette pratique d'un autre temps nous paraît inhumaine et honteuse. L'esclavage est considéré, à juste titre, comme une atteinte aux droits de l'homme. Mais il n'en a pas toujours été de même...

L'esclavage, une tragédie inhumaine

Les civilisations esclavagistes

À certaines époques de notre histoire, l'esclavage était considéré comme quelque chose de tout à fait normal, que personne ne songeait à contester. Ce fut le cas dans l'Antiquité, en Égypte, en Grèce ou à Rome. Il y a environ 5 000 années, des hommes, des femmes et des enfants étaient obligés de travailler pour des maîtres à qui ils appartenaient, et cela sans toucher le moindre salaire. Ce fut également le cas pendant des siècles entre l'Afrique et l'Amérique, avec la traite des Noirs. Quinze millions d'Africains environ ont été arrachés à leur pays et à leur famille par les négociants européens pour aller cultiver le coton et le tabac aux Antilles et aux États-Unis.

L'abolition

Ce n'est qu'à partir du milieu du XVIIIe siècle que l'on a pu percevoir un changement dans les mentalités. Philosophes, mouvements religieux et hommes d'État, comme le président des États-Unis Abraham Lincoln et le ministre français Victor Schœlcher, ont milité contre l'esclavage. Le combat fut long et difficile, pour enfin aboutir dans les années 1830-1890 à l'abolition de cette pratique inhumaine.

L'esclavage moderne

Et pourtant, aujourd'hui encore, dans certains pays, des enfants et des femmes surtout doivent travailler pour rien ou pour très peu. L'esclavage n'a pas disparu. Il restera à jamais comme une des plus grandes tragédies de l'histoire du monde. C'est cette tragédie inhumaine que nous allons vous raconter et vous expliquer dans cet « Essentiel Milan Junior ».

Pour comprendre ce qu'est l'esclavage

Avant même de retracer la longue tragédie des esclaves au fil de l'Histoire, commençons par mieux comprendre ce que le mot « esclavage » veut dire et ce qu'il regroupe exactement.

Qu'est-ce qu'un esclave ?

Un esclave est une personne soumise à l'autorité d'une autre personne appelée le maître. Après l'avoir acheté, le maître exerce sur l'esclave un véritable droit de propriété, ne lui laissant aucune liberté et exerçant sur lui un droit de vie et de mort. Certains esclaves sont battus. D'autres, heureusement, sont parfois mieux traités.

Qu'est-ce que la traite ?

C'est l'activité qui consiste à acheter, à transporter et à vendre des esclaves. La traite des esclaves commence dès leur capture et se termine lors de leur revente à un maître. On emploie surtout ce terme pour parler de la traite des Noirs, qui a été très développée entre le XVIe et le milieu du XIXe siècle.

L'esclavage aujourd'hui

De nos jours, on dit qu'il y a encore des esclaves. Ce sont des personnes qui perçoivent, de la part d'un employeur, un salaire très bas pour le travail qu'elles fournissent. Ces esclaves « modernes » n'ont ni le droit ni le temps de se reposer. Ils ne peuvent pas se soigner correctement et vivent dans la misère. Beaucoup sont des enfants.

Les grandes dates de l'esclavage

Du Vᵉ au IVᵉ siècle avant J.-C. : l'esclavage est très développé à Athènes, en Grèce antique.

Fin du VIIᵉ siècle : début de la traite des Noirs par les musulmans.

1454 : le pape Nicolas V autorise le Portugal à pratiquer l'esclavage en Afrique.

Début du XVIᵉ siècle : arrivée des premiers esclaves noirs sur le continent américain.

1619 : arrivée des premiers esclaves noirs en Amérique du Nord.

1685 : instauration du Code noir sous Louis XIV.

1791 : les esclaves de la colonie française de Saint-Domingue se révoltent pour obtenir l'abolition de l'esclavage.

1794 : en France, le gouvernement de la Convention abolit l'esclavage dans les colonies françaises.

1802 : en France, Bonaparte, consul à vie, rétablit l'esclavage.

17 avril 1848 : en France, la IIᵉ République abolit l'esclavage grâce à Victor Schœlcher.

1865 : fin de la guerre de Sécession aux États-Unis et abolition de l'esclavage.

1948 : en France, la Déclaration universelle des droits de l'homme condamne l'esclavage.

Le savais-tu ?

Le mot esclave

Il vient du mot « slave ». Le mot latin *slavus* (« slave ») devient *sclavus* (« esclave ») au Xᵉ siècle lorsque les rois saxons de Germanie capturent des Slaves, peuple d'Europe orientale, pour en faire des esclaves.

L'esclavage selon Victor Schœlcher

« *La violence commise envers le membre le plus infime de l'espèce humaine affecte l'humanité entière ; chacun doit s'intéresser à l'innocent opprimé, sous peine d'être victime à son tour quand viendra un plus fort que lui pour l'asservir.* »

dico

Abolition : suppression d'une loi ou d'une coutume.

Code noir : loi française de mars 1685 (instituée sous Louis XIV) qui réglemente l'esclavage avec des droits et des devoirs.

Convention : assemblée qui gouverna la France durant la Révolution, de 1792 à 1795. Elle proclama la Iʳᵉ République.

Droit de propriété : fait de posséder quelque chose (ici, quelqu'un) et d'en disposer comme on l'entend.

Guerre de Sécession : conflit qui a opposé, de 1861 à 1865, les États du nord des États-Unis aux États du sud, qui pratiquaient l'esclavage.

L'esclavage dans l'Antiquité

Durant l'Antiquité (des plus anciennes civilisations aux premiers siècles de notre ère), le monde est esclavagiste : en Égypte, en Grèce et à Rome, avoir des esclaves est tout à fait normal.

En Assyrie et à Sumer

Au VIIe siècle avant J.-C., en Assyrie (ancien royaume du nord de la Mésopotamie), un esclave est vendu le prix d'un âne. Et il y a environ 5 000 ans, les Sumériens (au sud de la Mésopotamie, l'actuel Irak) accrochent des anneaux dans le nez de leurs esclaves (des prisonniers capturés dans des cités rivales) pour mieux les assimiler à du bétail.

Égypte : les esclaves de Pharaon

Dans l'Égypte ancienne, 3 000 ans avant notre ère, tous les esclaves appartiennent à Pharaon, le roi, qui peut en faire cadeau à certains de ses sujets. Il y a deux catégories d'esclaves :

– Les Égyptiens condamnés pour s'être rebellés contre Pharaon. En fait, seuls ces derniers peuvent devenir esclaves puisqu'il n'est pas permis de réduire en esclavage un Égyptien, considéré comme une créature des dieux. Ces esclaves sont utilisés comme domestiques.

– Les étrangers faits prisonniers au cours des guerres menées par Pharaon. Ils sont les plus nombreux et utilisés pour construire des pyramides.

Fresque égyptienne : esclave frappé par son maître.

Grèce : représentation d'esclaves enchaînés (bas-relief en marbre datant du IIIe siècle av. J.-C.).

Athènes : un habitant sur deux est un esclave

Aux Ve et IVe siècles avant J.-C., plus de la moitié des Athéniens, les habitants de la grande cité grecque, sont des esclaves. Un citoyen d'Athènes peut posséder à lui seul une cinquantaine d'esclaves. Sont réduits en esclavage les prisonniers de guerre ainsi que les citoyens grecs qui ne peuvent plus payer leurs dettes.

Rome : esclaves et gladiateurs

À Rome également il y a des esclaves. Leur nombre augmente avec les conquêtes romaines au IIe siècle avant J.-C. On trouve des esclaves venus d'Afrique du Nord, de Grèce, de Gaule… Ils sont utilisés au travail de la terre, comme domestiques ou comme gladiateurs. Ces derniers sont les esclaves les plus forts, obligés de combattre dans les cirques pour le plaisir du peuple. Des joutes sanglantes les opposent à des fauves ou à d'autres gladiateurs. Les victorieux ont parfois la chance d'obtenir leur liberté.

Et les Gaulois ?

Dans son livre *La Guerre des Gaules*, Jules César écrit à propos des Gaulois : « *Les gens du peuple ne sont guère traités autrement que des esclaves ne pouvant se permettre aucune initiative, n'étant consultés sur rien.* »

Être citoyen en Grèce

Un Grec qui n'a que ses bras à offrir (c'est-à-dire qu'il n'a ni fortune ni éducation) ne peut pas participer aux affaires de la cité. Il n'est pas considéré comme citoyen, c'est-à-dire qu'il ne peut pas voter (droit dont étaient exclues les femmes).

Esclaves et serfs au Moyen Âge

Au Moyen Âge, l'esclavage ne disparaît pas tout à fait. Le trafic humain continue en mer Méditerranée et s'étend à l'Afrique. En Europe, les paysans serfs remplacent les esclaves.

Scène de servage au Moyen Âge (paysans moissonnant le blé).

La fin de l'esclavage ?

Dès l'Antiquité, le philosophe grec Sénèque réclame une amélioration du sort des esclaves. Mais il faut attendre la paix romaine, au IIe siècle de notre ère, pour voir le nombre d'esclaves diminuer et leur situation devenir un peu plus « humaine ». Le nombre d'esclaves affranchis ne cesse alors d'augmenter. C'est surtout le christianisme, religion nouvelle, qui, en parlant d'égalité de tous les hommes devant Dieu, permet la disparition progressive de l'esclavage en Europe de l'Ouest.

Trafic en Méditerranée

Le trafic d'esclaves continue pourtant en mer Méditerranée. Les victimes sont des juifs et des chrétiens de Grèce ou des pays slaves appelés orthodoxes). Les marchands d'esclaves de Venise et de Gênes (aujourd'hui en Italie) s'enrichissent avec ce trafic jusqu'à ce que cette main-d'œuvre venue d'Europe de l'Est (les Slaves orthodoxes, par exemple, ne sont plus considérés comme des ennemis) diminue. Ces marchands se tournent alors vers l'Afrique pour acheter leurs esclaves.

Les serfs

À partir de l'an 1000, en Europe, une nouvelle forme de servitude jugée plus « supportable » remplace l'esclavage : c'est le servage. Les serfs sont presque tous des paysans travaillant pour des seigneurs. Leurs conditions de vie sont meilleures que celles des esclaves, mais ils n'ont pas le droit de quitter la terre qu'ils cultivent et peuvent être vendus avec elle. Les serfs travaillent gratuitement pour le maître (c'est ce que l'on appelle la corvée). Le servage va peu à peu disparaître en France, mais il perdure en Russie, en Pologne et en Allemagne jusqu'au XIXᵉ siècle.

Les galériens

De la fin du Moyen Âge à l'époque de Louis XV, les hommes condamnés aux galères, les galériens (ou chiourme), sont traités comme des esclaves. Les galères sont des navires de guerre à rames utilisés en mer Méditerranée. Plus de 300 rameurs sont nécessaires pour les faire avancer. Les équipages sont constitués de prisonniers enchaînés jour et nuit et surveillés par des gardiens. Louis XV supprime les galères en 1748.

Le savais-tu ?

Le mot serf

Il vient de *servus* (« serviteur » en latin ancien) et est encore utilisé de nos jours, en Autriche, pour dire « bonjour » (dans le sens : je suis votre serviteur !). À l'époque mérovingienne (Vᵉ-VIIIᵉ siècle), *servus* est devenu *servus casatus* («serf casé », à qui l'on a attribué un bout de terrain).

Esclaves des Vikings

À partir de 793, les Vikings, venus de Norvège et de Suède, lancent des attaques sur les côtes de l'ouest de l'Europe et le long des fleuves. Les populations capturées sont emmenées en esclavage en Scandinavie.

d'ico

Affranchir : rendre libre, indépendant de toute domination, de toute servitude.

Main-d'œuvre : ensemble des ouvriers et des paysans nécessaires à une entreprise ou à un pays.

Servitude : obligation à laquelle une personne est soumise (l'obligation de travailler, par exemple).

Les négriers musulmans

Entre les années 650 et les années 1920, environ 17 millions d'Africains sont capturés et vendus par des négriers musulmans qui alimentent en esclaves les pays qui font du commerce avec eux.

Marché des esclaves
à Bagdad (manuscrit arabe
datant du XIIIe siècle).

Pas d'esclaves musulmans

La traite des esclaves commence au VIIe siècle avec la naissance de l'empire musulman, qui s'étend de l'est de l'Asie à l'Espagne et devient immense. La religion islamique interdit d'asservir un musulman. Il faut donc faire venir des esclaves d'ailleurs pour répondre aux besoins de main-d'œuvre dans les régions conquises. Cet ailleurs, c'est l'Afrique noire, mais aussi les pays d'Europe de l'Est et d'Asie centrale.

Esclaves en Égypte

Certaines régions d'Afrique, comme la région centrale des grands lacs, sont mises à sac. Les esclaves sont capturés, emmenés vers l'Arabie et l'Égypte et entassés à 200 dans des petits bateaux (les boutres) qui sillonnent la mer Rouge. Le voyage est long. Beaucoup d'esclaves meurent. En Égypte, ils sont utilisés pour la construction des canaux d'irrigation ou pour la cueillette des dattes dans les oasis. Ils extraient également des pierres et des métaux précieux, et pêchent des perles en mer Rouge. Les femmes, quant à elles, alimentent les harems.

Les plantations de Zanzibar

L'île de Zanzibar (dans l'océan Indien, faisant partie de l'actuelle Tanzanie), premier producteur mondial de girofle (une fleur dont on extrait le bouton, utilisé comme épice) mais aussi gros fournisseur de riz, de noix de coco, de patates douces et de canne à sucre, a besoin de main-d'œuvre : d'où l'importance des esclaves. Dans les années 1830, on compte jusqu'à 100 000 esclaves sur l'île. Ils représentent les deux tiers de la population. L'esclave est appelé nègre et il est souvent décrit, par les négriers musulmans, comme un être naturellement fainéant, à surveiller et à punir si besoin.

Les descendants d'esclaves

Cette traite dure jusqu'au début du XXe siècle. Aujourd'hui encore, on peut en observer les conséquences :
– L'influence du monde musulman se fait ressentir dans certains pays d'Afrique noire (Soudan, Mali, Sénégal…), là où l'islam s'est durablement enraciné et reste la religion de la majorité de la population.
– On peut noter la présence de groupes d'origine noire dans les oasis du Sahara et dans le sud du Maghreb. Ces groupes minoritaires sont souvent victimes du racisme du reste de la population.

Les nègres

Le mot « nègre » vient de l'espagnol et du portugais *negro*, qui veut dire « noir ». Il est employé dès le XVIIIe siècle. L'expression « négrier » date de la même époque. Elle veut dire : qui se livre à la traite des Noirs.

La traite

Ce mot vient de « traire », qui veut dire tirer, extraire, mais également transporter. C'est ainsi qu'on l'a utilisé pour parler du trafic des êtres humains.

dico

Harem : chez les musulmans, partie d'une habitation où vivent les épouses. C'est aussi l'ensemble des femmes qui y vivent.

Main-d'œuvre : ensemble des ouvriers et des paysans nécessaires à une entreprise ou à un pays.

Musulman : qui pratique la religion islamique.

La traite des Noirs

À la fin du XVe siècle, avec la découverte des Amériques, les Européens ont recours à l'esclavage pour exploiter les richesses de ces nouveaux territoires. Dans ce but, ils vont déplacer, jusqu'au milieu du XIXe siècle, 15 millions d'Africains (peut-être beaucoup plus) vers l'Amérique.

Esclaves africains embarqués sur un navire négrier (gravure).

Indiens esclaves

À la fin du XVe siècle, les Espagnols, les Portugais et les Français découvrent les Antilles et l'Amérique du Sud. Ils s'y installent et cultivent des produits jusqu'alors inconnus en Europe (café, chocolat, sucre, tabac…). Au début, les colons font travailler les Indiens vivant dans ces régions. Mais ces derniers ne sont pas assez nombreux et ne supportent pas les conditions de travail difficiles qui leur sont imposées.

Une nouvelle main-d'œuvre

Du coup, on cherche un autre vivier et on a recours aux esclaves d'Afrique. La traite des Noirs commence. À partir des années 1500, les colonies espagnoles d'Amérique importent des esclaves noirs d'Afrique par l'intermédiaire des trafiquants portugais. Ces esclaves arrivent sur l'île d'Hispaniola (futures Haïti et République dominicaine). Comme ils sont nombreux et bon marché, les coûts de production sont moins élevés et les produits tropicaux se vendent mieux. Un gigantesque trafic se met en place : c'est le commerce triangulaire.

Le commerce triangulaire

Ce trafic a lieu entre trois continents : l'Europe, l'Afrique et l'Amérique. Les négociants européens se rendent en Afrique, leurs bateaux chargés de biens précieux. Là, ils troquent cette marchandise contre des esclaves, souvent capturés lors de guerres tribales, qu'ils emmènent ensuite vers leur destination finale, l'Amérique. Ces esclaves sont échangés contre du coton, du café ou du sucre. Les trafiquants européens rapportent alors ces produits en Europe, achevant ainsi un « voyage triangulaire » qui a duré environ dix-huit mois entre les trois continents.

« Un mal pour un bien ! »

Ce trafic fait la fortune des négriers et des négociants. Ils se donnent bonne conscience en disant qu'il vaut mieux que les Européens se chargent de l'esclavage, qui, de toute façon, existait déjà en Afrique depuis longtemps. Les Noirs peuvent ainsi, disent-ils, accéder au monde civilisé et au christianisme. Au milieu du XVIIIe siècle, la France devient la troisième nation importatrice d'esclaves derrière l'Angleterre et le Portugal.

Bois d'ébène

C'est le nom « pudique » donné en France aux esclaves, par allusion à la couleur noire de ce bois.

Le partage de l'Afrique

Chaque pays européen s'est approprié une région d'Afrique. La France fait du commerce de la Mauritanie à la Sierra Leone. Les Néerlandais vont en Côte d'Ivoire, au Togo et au Ghana. Les Anglais sont au Cameroun et au Nigeria...

dico

Coût de production : somme nécessaire pour fabriquer un produit.

Importateur : qui achète et fait entrer dans un pays des marchandises provenant d'un autre pays.

Main-d'œuvre : ensemble des ouvriers et des paysans nécessaires à une entreprise ou à un pays.

Le commerce triangulaire

C'est un gigantesque trafic qui s'instaure dans l'océan Atlantique entre l'Europe, l'Afrique et les Amériques. Explications.

Des bateaux partent des ports européens de Liverpool, Bordeaux, Nantes ou La Rochelle chargés d'objets en cuivre ou en verre, d'armes, de vin et d'objets plus ordinaires. Ces navires font escale sur la côte ouest de l'Afrique, dans le golfe de Guinée, en Côte d'Ivoire, au Sénégal, au Bénin, en Gambie, en Angola. Les rois africains échangent les marchandises contre des hommes capturés dans des villages à l'intérieur du continent. Ce sont souvent des prisonniers, achetés aux vainqueurs des guerres tribales, que l'on parque dans des enclos appelés « barracoons ». À chaque escale, les Européens acquièrent de nouveaux esclaves, si possible jeunes et robustes. Ce voyage dure parfois six mois.

Les navires repartent, chargés d'esclaves, vers les colonies. Le voyage dure environ deux mois, dans la chaleur et la saleté. Un bateau négrier peut transporter entre 400 et 600 captifs entassés dans des cales où la hauteur de plafond est d'un mètre. Les conditions de vie sont terribles. Les esclaves sont marqués au fer rouge, tondus, enchaînés au cou, les membres liés par des carcans à cadenas. Nombreux sont ceux qui meurent en cours de route. Les survivants arrivent épuisés aux Antilles, au Brésil, dans les colonies anglaises du sud des futurs États-Unis. Mais les négriers prennent le temps de les soigner afin de les vendre plus cher aux propriétaires de plantations.

Les colons d'Amérique échangent leurs récoltes de café, de coton, de tabac, de sucre, d'épices contre des esclaves. Les bateaux, chargés de ces produits tropicaux, repartent pour l'Europe. Au total, le circuit a duré environ dix-huit mois.

Amérique du Nord

Caraïbes

Amérique espagnole

Brési

Régions exportatrices d'esclaves

Régions importatrices d'esclaves

Liverpool

Nantes
Bordeaux

Lisbonne

Gorée

Côte de l'Ivoire

Côte des
Esclaves

Zanzibar

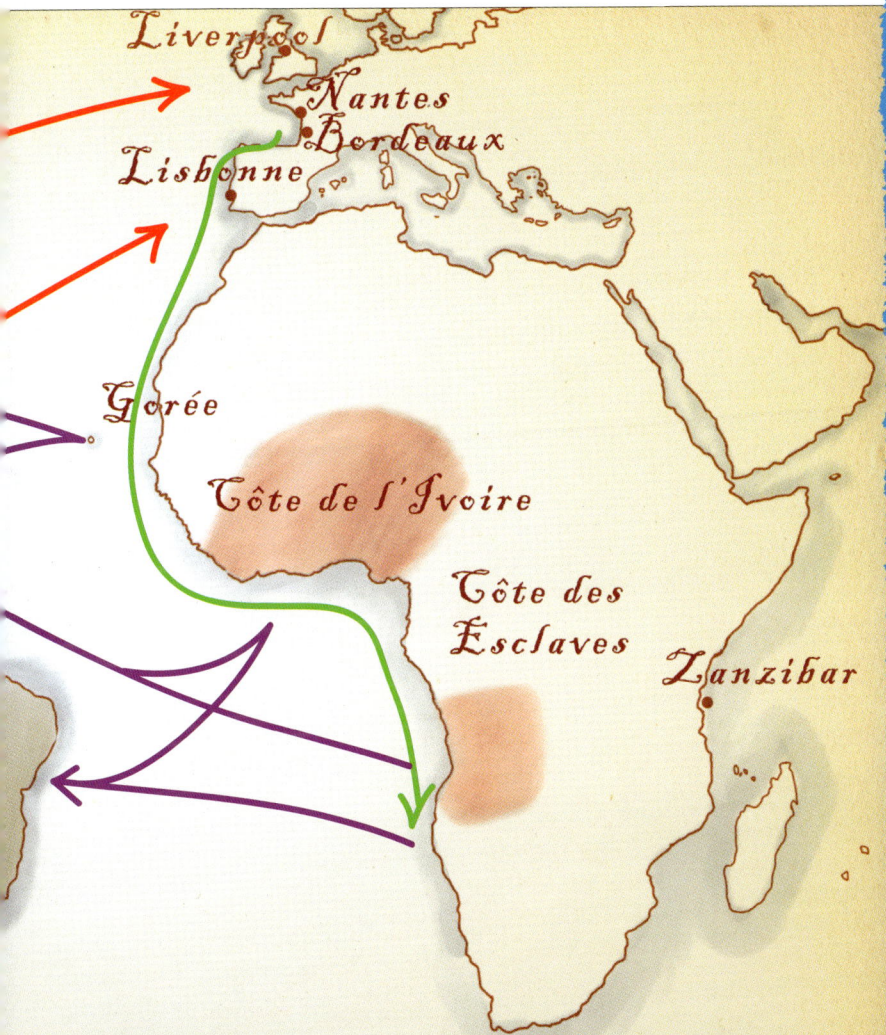

On estime que 900 000 esclaves ont été transportés d'Afrique en Amérique au XVIᵉ siècle, 3 à 4 millions au XVIIᵉ siècle, 7 à 8 millions au XVIIIᵉ siècle. Le commerce triangulaire a donc concerné près entre 12 et 15 millions de personnes. Toutefois, certains historiens avancent des chiffres beaucoup plus importants, parlant parfois de 100 millions d'esclaves.

Le travail des esclaves

Les plantes cultivées en Amérique (coton, sucre, café, tabac...) demandent une **main-d'œuvre** abondante et résistante. Les esclaves noirs travaillent dur pour satisfaire les besoins du commerce international.

Récolte du coton par des esclaves noirs dans une plantation du Mississipi (État du sud des États-Unis).

Dans les plantations

Arrivés en Amérique, les nouveaux esclaves sont « ménagés » par leurs maîtres, qui leur laissent un peu de temps pour reprendre des forces. Puis ils sont envoyés dans les plantations pour travailler quatorze à seize heures par jour, et jusqu'au milieu de la nuit pendant la récolte. On les appelle les « nègres de jardin ». Surveillés par des hommes armés de fouets, qui les battent au moindre signe de fatigue, ils travaillent dur au moulin (où les cannes sont transformées en sucre) ou aux chaudières (où le jus de la canne est raffiné).

Les domestiques

Les « esclaves de case » (ou esclaves domestiques) sont utilisés comme cuisiniers, valets ou servantes. Ils sont en général mieux traités, mieux nourris et mieux habillés que les nègres de jardin, afin de montrer le niveau social du maître. Ces esclaves, logés à l'écart des autres, font presque partie de la famille du maître. Parfois, les enfants blancs et noirs partagent les mêmes jeux.

Les marrons

La moitié des esclaves meurent dans les trois années suivant leur arrivée. Ceux qui ne parviennent pas à se plier au travail et aux conditions de vie qui leur sont imposés se révoltent ou, plus souvent, s'enfuient en « marronnage ». Il s'agit d'un mot qui vient de l'hispano-américain *cimarron* et qui veut dire « indompté », qu'on ne parvient pas à soumettre.

Les chasses à l'homme

La plupart de ces esclaves qui s'échappent se dirigent vers le nord, vers New York essentiellement. Là, ils espèrent trouver un travail rémunéré et moins dur. Les fugitifs sont parfois aidés par des Blancs regroupés en organisations secrètes. Ces Blancs et des esclaves affranchis mettent en place un « chemin de fer souterrain »(*underground railway*) pour favoriser la fuite des cimarrons, traçant des itinéraires de fuite et offrant gîte et couvert aux fugitifs. Mais les planteurs ripostent en organisant de véritables chasses à l'homme afin de récupérer les fuyards.

Esclave en fuite poursuivi par des hommes et des chiens (gravure).

Le Code noir

L'article 38 de ce code dit notamment : « *L'esclave fugitif qui aura été en fuite pendant un mois à compter du jour que son maître l'aura dénoncé en justice aura les oreilles coupées et sera marqué d'une fleur de lis sur l'épaule ; et s'il récidive une autre fois [...] aura le jaret coupé et sera marqué d'une fleur de lis sur l'autre épaule ; et la troisième fois, il sera puni de mort.* »

Les punitions

L'esclave repris après une tentative de fuite est puni du fouet, enchaîné plusieurs semaines et, parfois, marqué au fer rouge avec les initiales de son propriétaire. Cette dernière punition est particulièrement humiliante et douloureuse !

dico

Affranchir : rendre libre, indépendant de toute domination, de toute servitude.

Code noir : loi française de mars 1685 (instituée sous Louis XIV) qui réglemente l'esclavage avec des droits et des devoirs.

Main-d'œuvre : voir définition p. 17.

Les États-Unis, pays esclavagiste

Il a fallu une guerre civile, la guerre de Sécession, pour que les États-Unis abolissent l'esclavage au milieu du XIXe siècle.

Jusqu'à 4 millions d'esclaves

Sur les 15 millions d'Africains déportés vers les Amériques, 5 % seulement débarquent aux États-Unis, le plus grand nombre étant dirigé vers les Caraïbes et le Brésil. Mais la population esclave augmente considérablement pour atteindre, vers 1860, près de 4 millions de personnes dans les États du sud du pays.

La dénonciation de l'esclavage

À la fin du XVIIe siècle, des protestants installés en Pennsylvanie, les quakers, militent pour l'abolition de l'esclavage dans les colonies anglaises d'Amérique du Nord. En 1775, ils décident d'exclure de leur Église ceux qui possèdent des esclaves.

Assemblée de quakers aux États-Unis.

La révolution américaine

Malgré les idéaux qu'elle propose, la Constitution de 1787 ne met pas fin à l'esclavage. Peut-être parce que, parmi ses auteurs, on trouve quelques propriétaires d'esclaves. Mais, après l'indépendance, l'esclavage disparaît peu à peu des États du Nord, contrairement à ceux du Sud (Géorgie, Alabama, Mississippi, Louisiane, Texas), où vivent de gros propriétaires de plantations. En 1851, l'écrivain Harriet Beecher-Stowe publie un roman, *La Case de l'oncle Tom*, qui soulève l'indignation d'une partie de l'opinion américaine. Dans les États du Nord industrialisés, là où l'esclavage a presque entièrement disparu, des gens prennent conscience de l'aspect inhumain et barbare de cette pratique.

La guerre de Sécession

Abolitionniste convaincu, le républicain Abraham Lincoln devient président des États-Unis en 1860. Il décide d'abolir l'esclavage. Le 8 février 1861, sept États du Sud (dont la Caroline du Sud, le Texas, le Mississippi, la Géorgie…) refusent et décident de se séparer de l'Union. C'est la guerre de Sécession, qui oppose le Nord au Sud. Elle ne se termine que le 9 avril 1865 avec la victoire du Nord. Cette guerre civile fait plus de 600 000 morts. L'esclavage est aboli en décembre 1865 sur tout le territoire par le XIIIᵉ amendement de la Constitution.

Le savais-tu ?

Le Ku Klux Klan

Des Blancs du Sud acceptent mal l'idée de vivre avec des « nègres libres ». Certains se regroupent dans des mouvements racistes comme le Ku Klux Klan, fondé en 1867, qui terrorise et assassine des Noirs. Il tente ainsi, par l'intimidation, d'empêcher les Noirs d'exercer leurs droits. Le mouvement est interdit en 1877, mais il est toujours resté actif dans certaines régions des États-Unis !

Abraham Lincoln assassiné

Le président des États-Unis est assassiné à Washington en 1865 par un fanatique sudiste qui lui reprochait sa politique abolitionniste. Pourtant, Lincoln voulait élaborer un programme prévoyant de « panser les blessures de la nation sans rancune contre personne ».

dico

Abolition : suppression d'une loi ou d'une coutume.

Constitution : texte où sont écrites les lois qui définissent le régime politique d'un pays.

Guerre de Sécession : conflit qui a opposé, de 1861 à 1865, les États du nord des États-Unis aux États du sud, qui pratiquaient l'esclavage.

Raciste : qui pense qu'il existe une hiérarchie entre les humains et qu'un groupe (appelé injustement « race ») est supérieur aux autres.

L'abolition dans le reste du monde

Les militants pour l'abolition de l'esclavage sont apparus à la fin du XVIIe siècle, mais il leur a fallu deux siècles pour obtenir gain de cause.

Les révoltes d'esclaves

Les premiers à se dresser contre la traite et l'esclavage sont les esclaves eux-mêmes. Dès 1545, Diego de Campo, un esclave venu d'Afrique, conduit une révolte à Cuba. Il y a également des révoltes au Brésil et dans les colonies des futurs États-Unis. Mais toutes sont sauvagement réprimées.

Les philosophes des Lumières

Au XVIIIe siècle, en France, les philosophes des Lumières dénoncent l'esclavage avec plus ou moins de conviction et de virulence. Diderot décrit l'esclavage comme un « *crime bafouant la dignité humaine* ». Montesquieu juge l'esclavage nécessaire aux colonies tout en en dénonçant la non-compatibilité avec la notion de fraternité. Voltaire aborde la dure existence des esclaves dans son roman *Candide* (chapitre XIX), écrit en 1759.

La Révolution française abolit l'esclavage

Le 4 février 1794, la Convention au pouvoir en France décrète l'abolition de l'esclavage dans toutes les colonies françaises, en Guadeloupe et en Guyane, notamment. Mais le 20 mai 1802, le consul à vie Napoléon Bonaparte rétablit l'esclavage. Ce retour en arrière provoque des mouvements de révolte

Le savais-tu ?

Le Liberia

En 1821, des Américains hostiles à l'esclavage installent sur la côte ouest de l'Afrique des esclaves libérés. Ceux-ci instaurent une république en 1847. C'est le Liberia, deuxième État noir après Haïti. De 1822 à 1892, 22 000 anciens esclaves s'y installent.

En Amérique du Sud

En 1888, l'empire du Brésil (le pays ne deviendra une république que l'année suivante) est le dernier pays d'Amérique et du monde occidental à abolir l'esclavage.

Tableau de François-Auguste Biard (1848) : *La Proclamation de l'abolition de l'esclavage dans les colonies françaises.*

en Guadeloupe et à Saint-Domingue. L'abolition définitive de l'esclavage dans les colonies n'intervient qu'en 1848, sous la IIe République, grâce au ministre Victor Schœlcher. L'île de Mayotte (océan Indien), française depuis 1841, a connu l'abolition de l'esclavage avant les autres territoires français. L'abolition date en effet du 9 décembre 1846.

La Grande-Bretagne abolit l'esclavage

Le député William Wilberforce fait abolir la traite négrière sur les navires britanniques en 1807, puis il fait voter l'abolition totale de la traite l'année suivante. Mais le trafic clandestin se poursuit encore plusieurs années. Il faut attendre une révolte des esclaves en Jamaïque, en 1831-1832, pour que les partisans de l'abolition totale de l'esclavage gagnent. L'esclavage est aboli dans les colonies britanniques le 28 août 1833. Les planteurs reçoivent une indemnité en compensation.

dico

Abolition : suppression d'une loi ou d'une coutume.

Convention : assemblée qui gouverna la France durant la Révolution, de 1792 à 1795. Elle proclama la Ire République.

Deux hommes symbolisent la lutte contre l'esclavage. L'un, Toussaint Louverture, est un ancien esclave noir. L'autre, Victor Schœlcher, est un ministre de la IIe République.

Toussaint Louverture (1743-1803)

Depuis 1697, les Français possèdent la partie occidentale de l'île d'Hispaniola, alors que les Espagnols en occupent la partie orientale. Le 22 août 1791, les esclaves noirs, qui y cultivent la canne à sucre, se révoltent. Ils sont conduits par un esclave affranchi, Toussaint Louverture. Des colons français sont tués, les sucreries sont détruites. La suppression de l'esclavage dans les colonies, décidée par la Convention en 1794, arrive trop tard pour calmer les esprits. L'armée française intervient en 1802. Toussaint Louverture est arrêté et meurt au fort de Joux (Franche-Comté) en 1803.

Toussaint Louverture
(gravure à l'eau-forte).

La république d'Haïti

Mais la révolte se poursuit et vient à bout des Français, également décimés par les épidémies. L'île tout entière devient indépendante le 1er janvier 1804 et prend le nom d'Haïti (Saint-Domingue retrouvera son autonomie en 1844). Jean-Jacques Dessalines se proclame empereur du nouveau pays. Aujourd'hui, Haïti, qui occupe la partie occidentale de l'île, est un pays très pauvre.

Le savais-tu ?

Toussaint Louverture

Il s'agit d'un surnom, il signifie que cet homme a ouvert à son peuple le chemin de la liberté. Son vrai nom était Dominique Toussaint Bréda, fils de parents originaires du Dahomey (l'actuel Bénin).

Victor Schœlcher (1804-1893)

Ce républicain convaincu devient sous-secrétaire à la marine et aux colonies dans le gouvernement provisoire de février 1848 (suite à la révolution qui a chassé le roi Louis-Philippe). Ami des grands artistes romantiques (les musiciens Liszt et Berlioz, notamment), grand voyageur, Victor Schœlcher publie des textes sur les pays qu'il visite. Il s'attaque au fait et au droit de l'esclavage dès 1840, après avoir voyagé en Amérique et aux Antilles. L'abolition de l'esclavage est son grand combat, avec l'abolition de la peine de mort et la reconnaissance du droit des femmes.

L'abolition

En France, l'esclavage est aboli par décret le 27 avril 1848. L'abolition est liée à cette période révolutionnaire qui aboutit à la IIe République. Le gouvernement provisoire, sous l'impulsion du ministre de la Marine, François Arago, et de Victor Schœlcher, fait adopter ce texte de loi : « *Au nom du peuple français, le gouvernement, considérant que l'esclavage est un attentat contre la dignité humaine, décrète que l'esclavage sera entièrement aboli dans toutes les colonies et possessions françaises.* »

Le Panthéon

Les cendres de Victor Schœlcher reposent depuis 1949 au Panthéon, un monument de Paris dédié aux grands hommes et femmes qui ont fait l'Histoire. On y trouve aussi Jean Jaurès, Victor Hugo, Marie Curie, Voltaire...

Les Antilles

La Guadeloupe et la Martinique, deux îles françaises des Antilles, seront longtemps marquées par la période esclavagiste. En Guadeloupe, notamment, on se souvient des luttes très dures qui ont éclaté en 1793-1794 et en 1848.

Victor Schœlcher.

dico

Abolition : suppression d'une loi ou d'une coutume.

Affranchir : rendre libre, indépendant de toute domination, de toute servitude.

Convention : assemblée qui gouverna la France durant la Révolution, de 1792 à 1795. Elle proclama la Ire République.

L'esclavage moderne

On a cru, à partir de la moitié du XIXᵉ siècle, que l'esclavage avait définitivement disparu. Malheureusement, il perdure sous d'autres formes.

Les premières conséquences de l'abolition

Les esclaves affranchis deviennent petits paysans. Dans les plantations de Guyane, par exemple, les Asiatiques (Chinois et Indiens) remplacent les anciens esclaves et travaillent dans des conditions très difficiles. Au Brésil, ce sont des Européens pauvres (Espagnols et Italiens) qui vont désormais récolter le café. Tous sont des personnes ayant quitté leur pays pour trouver du travail. Mais ils sont exploités dans les pays d'accueil, qui voient en eux une main-d'œuvre bon marché.

Des États noirs sont créés dans les Antilles : Haïti, la Jamaïque, Trinidad… Leur population est composée des descendants d'esclaves. Ces pays ont donné naissance à de nouvelles langues et à de nouvelles cultures.

Main-d'œuvre européenne travaillant dans une plantation de café à São Paulo, au Brésil (1921).

Encore des esclaves à la fin du XIXᵉ siècle

En Afrique, le trafic terrestre d'esclaves existe encore à la fin du XIXᵉ siècle. Il se limite au continent. Les pays colonisateurs disent vouloir y mettre fin sans pour autant se donner les moyens de le supprimer. Le travail forcé survit en Afrique jusqu'au lendemain de la Seconde Guerre mondiale (1939-1945). En Arabie Saoudite, l'esclavage n'est aboli qu'en 1963 et, en Mauritanie, qu'en 1980 !

Inde, en 2001 : fabrique d'allumettes faisant travailler des enfants.

Les nouvelles formes d'esclavage

L'esclavage se retrouve aujourd'hui encore dans la traite des femmes, les mariages forcés, la prostitution, la servitude pour dettes, le travail des enfants, le travail forcé, le trafic des migrants, le trafic d'enfants… On estime qu'il y a, en 2004, environ 25 millions de nouveaux esclaves adultes à travers le monde.

La Déclaration des droits de l'homme de 1948

Adoptée par l'Organisation des Nations unies (ONU), elle interdit l'esclavage et la traite partout dans le monde. L'article 4 indique que « *nul ne sera tenu en esclavage ni en servitude ; l'esclavage et la traite sont interdits sous toutes leurs formes* ». Et pourtant cette pratique subsiste…

Le savais-tu ?
Le travail des enfants est interdit

La Convention internationale des droits de l'enfant aborde ce problème dans son article 32, qui dit : « *L'enfant doit être protégé contre l'exploitation économique et n'être astreint à aucun travail comportant des risques ou susceptible de compromettre son éducation ou de nuire à son développement physique, mental, spirituel ou social.* »

dico

Affranchir : voir définition p. 27.

Main-d'œuvre : voir définition p. 17.

Servitude pour dettes : un employeur accepte de prêter de l'argent à un employé sachant que celui-ci sera incapable de rembourser. L'emprunteur doit donc travailler jusqu'à la fin de ses jours pour rembourser la dette. Et le remboursement continue parfois après sa mort (ce sont ses descendants qui doivent travailler).

Travail forcé : travail sous la contrainte, pour rembourser une dette, par exemple.

Où pratique-t-on l'esclavage ?

De nouvelles formes d'esclavage sont exercées dans plusieurs pays du monde. Quelques exemples.

Traite des esclaves Dinka au Soudan (1998).

En Afrique

Au Soudan, l'esclavage serait réapparu à la fin des années 1980 avec des razzias sur des villages des tribus Dinka par les milices proches du pouvoir. Des hommes et des enfants seraient vendus pour accomplir des travaux agricoles. Les femmes servent de domestiques ou de main-d'œuvre sexuelle.

En Amérique

En Haïti, les personnes riches « emploient » des enfants que leurs familles ne peuvent pas nourrir. Ce sont les « *restavecs* ». Ils sont domestiques ou vendeurs de rue, non payés. Ils seraient environ 100 000.
Au Brésil, 800 personnes ont été libérées d'une situation

d'esclavage en septembre 2003. Il s'agit d'ouvriers agricoles qui n'étaient pas payés et qui travaillaient dans des conditions déplorables. Leurs employeurs ont été condamnés à leur verser les salaires dus.

En Asie

Au Pakistan, on croise de nombreux travailleurs esclaves pour dettes. C'est souvent le statut imposé aux réfugiés afghans. En Inde, la servitude pour dettes est interdite depuis 1985, mais il semble que 5 millions d'adultes et 10 millions d'enfants se trouvent toujours réduits à l'esclavage. Âgés de 9 à 14 ans, des enfants travaillent dix heures par jour dans des ateliers. Leurs parents les ont cédés au patron contre une trentaine d'euros : le prix d'un enfant esclave.

En Europe

En Europe de l'Est, en Moldavie et en Ukraine, par exemple, des jeunes filles sont vendues à des proxénètes. Elles deviennent prostituées en Suisse, en Allemagne, aux États-Unis… et en France !
En France et au Royaume-Uni, il y a des cas d'esclavage domestique chez des diplomates. Des domestiques philippins ou indiens se sont vu confisquer leur passeport par des gens chez qui ils travaillent toute la journée sans être payés.

Les enfants esclaves

En Chine, des enfants fabriquent des feux d'artifice. En Sierra Leone, ils sont dans des mines de diamants. Au Bénin, ils produisent du coton. En Côte d'Ivoire, ils cueillent des fèves de cacao…

dico Main-d'œuvre : ensemble des ouvriers et des paysans nécessaires à une entreprise ou à un pays.

2002, à Strasbourg, en France : prostitution de jeunes adolescentes venant des pays de l'Est.

Paroles d'esclaves et paroles sur l'esclavage

Voici une sélection de quelques textes écrits par des esclaves ou par des écrivains ou des philosophes sur l'esclavage.

Henri Bernardin de Saint-Pierre

(1737-1814), auteur du roman *Paul et Virginie* (1788).
« *Je ne sais pas si le café et le sucre font le bonheur de l'Europe, mais je sais bien que ces deux végétaux ont fait le malheur de deux parties du monde. On a dépeuplé l'Amérique afin d'avoir une terre pour les planter ; on dépeuple l'Afrique afin d'avoir une nation pour les cultiver.* »

Textes cités par James Mellon

dans *Paroles d'esclaves : les jours du fouet.*
« *Ils disent que les nègres volaient. Eh bien, savez-vous quel était le premier vol ? C'était en Afrique, quand les Blancs ont volé les nègres, tout comme si on volait des chevaux pour les vendre.* » (Sharry Harris)
« *Le maître, il dit que nous sommes tous libres, mais ça ne veut pas dire qu'on est blancs et ça ne veut pas dire qu'on est son égal.* » (George King, après la guerre de Sécession)

Victor Schœlcher

le père de l'abolition en France, propos tenus en 1848.
« *La violence commise envers le membre le plus infime de l'espèce humaine affecte l'humanité entière. […] La liberté d'un homme est une parcelle de la liberté universelle, vous ne pouvez toucher à l'une sans compromettre l'autre tout à la fois.* »

Le philosophe Montesquieu

(1589-1755), dans *De l'esprit des lois* (Livre XV, 1748).

« *Si j'avais à soutenir le droit que nous avons eu de rendre les nègres esclaves, voici ce que je dirais : Les peuples d'Europe* […] *ont dû mettre en esclavage ceux de l'Afrique, pour s'en servir à défricher tant de terres. Le sucre serait trop cher si l'on ne faisait travailler la plante qui le produit par des esclaves. Ceux dont il s'agit sont noirs depuis les pieds jusqu'à la tête.* […] *On ne peut se mettre dans l'idée que Dieu, qui est un être très sage, ait mis une âme, surtout une âme bonne, dans un corps tout noir.* »

Le negro spiritual

Il s'agit de chansons interprétées par des esclaves. Ceux convertis au christianisme ont chanté des chants religieux avec les rythmes hérités de l'Afrique. Cela a donné le blues, le ragtime puis le jazz. L'un de ces textes, intitulé *Mary Thousand Gone*, dit :

« *J'en ai assez d'être vendu aux enchères*
Assez des coups du régisseur
Assez des rations de maïs
Assez d'obéir aux ordres de la maîtresse. »

Encyclique du pape Grégoire XVI (décembre 1839)

« *Ne pas tourmenter injustement les Indiens, nègres ou autrement, ou les dépouiller de leurs biens, ou les réduire en servitude, ou assister ou favoriser ceux qui se permettent les violences, ou exercer le commerce inhumain par lequel les nègres, comme si ce n'étaient pas des hommes, mais de simples animaux réduits en servitude, de quelque manière que ce soit, sont achetés, vendus ou voués quelquefois aux travaux les plus durs.* »

Quiz

Maintenant que tu as lu cet « Essentiel Milan Junior », qu'as-tu retenu de l'esclavage ? Ce quiz te permet de tester tes connaissances.

1 Quel gladiateur célèbre s'est révolté en 73 avant J.-C. ?
A Mordicus.
B Spartacus.
C Macillius.

2 Zanzibar est :
A un négrier musulman.
B un navire négrier.
C une île africaine.

3 Quel est le nom des enclos où les rois africains parquaient leurs prisonniers des guerres tribales ?
A Harem.
B Galères.
C Barracoons.

4 Le commerce triangulaire se faisait dans le sens :
A Europe-Afrique-Amérique.
B Afrique-Europe-Amérique.
C Amérique-Afrique-Europe.

5 Quel était le nom des esclaves travaillant dans les plantations de coton ?
A Des nègres de champs.
B Des nègres de coton.
C Des nègres de jardin.

6 Comment appelait-on un esclave en fuite ?
A Un poltron.
B Un marron.
C Un fuyard.

7 Comment s'appelait la loi qui réglementait l'esclavage en France ?
A Le Code noir.
B Le Code Louis XIV.
C Le Code marron.

8 Aux États-Unis, la guerre de Sécession a opposé :
A les États de l'Est aux États de l'Ouest.
B le Nord au Sud.
C le Texas à la Californie.

9 Quel mouvement religieux a lutté contre l'esclavage aux États-Unis ?
A Les mormons.
B Les bouddhistes.
C Les quakers.

10 Quel président a aboli l'esclavage aux États-Unis ?
A Bill Clinton.
B George Washington.
C Abraham Lincoln.

11 Comment s'appelle le pays d'Afrique créé par des esclaves ?
A Le Liberia.
B L'Afrique du Sud.
C L'Angola.

12 Qui a fait abolir l'esclavage en France ?
A Jules Ferry.
B Victor Schœlcher.
C Jean Jaurès.

Pour t'aider dans ton exposé

Maintenant que tu sais beaucoup de choses sur l'esclavage, tu as envie d'en parler à ta classe.

❶ Comment choisir le sujet ?

Tu as plusieurs possibilités. Vas-tu aborder le problème de l'esclavage dans son intégralité : de l'Égypte ancienne à l'esclavage moderne, en passant par le commerce triangulaire ? Ou, si ce travail te paraît trop ambitieux et trop compliqué, choisir une seule période de l'Histoire ? La traite des Noirs vers l'Amérique, par exemple. C'est un bon thème qui peut faire l'objet d'un exposé illustré par des cartes et des images de l'époque. Mais peut-être préfères-tu t'intéresser à la vie de Toussaint Louverture ? Ou encore concentrer tes recherches sur l'esclavage moderne, et plus particulièrement sur le travail des enfants…

❷ Où trouver des informations ?

Tu as choisi le sujet de ton exposé. Commence par faire un plan précis, puis pars à la recherche d'informations. Tu en trouveras dans cet ouvrage, bien sûr, mais aussi dans tes livres d'histoire et dans des ouvrages que tu peux trouver à la bibliothèque de ta commune. Aide-toi notamment des livres que nous te conseillons page 36.

❸ Comment préparer ton exposé ?

Recoupe les informations que tu as recueillies, classe les notes que tu as prises, relis-les pour bien comprendre ce que tu as trouvé. Puis rédige ce que tu as à dire à ta classe. Relis le tout à voix haute comme si tu devais faire un discours. Pour t'entraîner, tu peux le lire à tes parents, qui pourront te dire si ton exposé est suffisamment clair, s'il n'est pas trop long ou trop court !

❹ L'exposé

Pour commencer, expose ton sujet et ton plan. Écris-en les chapitres essentiels au tableau. Au fur et à mesure de ton exposé, montre des documents, des photos, des cartes à tes camarades. Ils comprendront mieux. À la fin de l'exposé, demande-leur de te poser des questions. Propose aussi un sujet de débat. Un thème comme celui de l'esclavage va provoquer bien des questions, c'est évident.

Pour aller plus loin

Des romans et des livres documentaires

• **Tamango**, coll. « Classiques & Contemporains », Magnard, 2001. Une nouvelle de Prosper Mérimée (écrivain français né en 1803, mort en 1870) : l'histoire d'esclaves révoltés sur un voilier errant à travers les mers jusqu'à la mort de ses occupants (livre écrit en 1829).

• **La Case de l'oncle Tom**, coll. « Classique », Hachette, 2003. De Harriet Beecher-Stowe (romancière américaine, 1811-1896). Écrit en 1821, ce roman, qui raconte l'histoire de Tom, un vieil esclave, est une dénonciation de l'esclavage.

• **Le Prince esclave : une histoire vraie**, coll. « Cascade 11-13 ans », Rageot, 2002. De Olaudah Équiano. C'est le témoignage du fils d'un roi africain enlevé par des trafiquants d'esclaves au XVIIIe siècle.

• **Esclaves et négriers**, coll. « Histoire», Gallimard, 1992. De Jean Meyer. Un point très complet sur la traite des Noirs et sur l'abolition de l'esclavage.

À trouver en bibliothèque
• **Entre guerre et misère : les esclaves aujourd'hui**, coll. « J'accuse », Syros, 1998. De Marie-Agnès Combesque. Deux témoignages pour parler de l'esclavage aujourd'hui, au Soudan et en Haïti.

Des sites Internet

http://les.traitesnegrieres.free.fr
www.historia.presse.fr
www.assembleenationale.fr

Des bandes dessinées

• **Coke en stock**, Hergé, Casterman, 1986. Une des « Aventures de Tintin » dans laquelle Hergé dénonce l'esclavage.

• **Les Tuniques bleues**, Dupuis. Une série qui se déroule à l'époque de la guerre de Sécession aux États-Unis, (BD créée par Cauvin).

À trouver en bibliothèque
• **Bois d'ébène**, 5 volumes, coll. « Caractère », Glénat, 1988. Un des albums de la série « Les Passagers du vent », de François Bourgeon. À l'époque du commerce triangulaire.

Des films

• **Amistad**
Film américain de Steven Spielberg (1998). L'histoire de la révolte d'une poignée d'esclaves sur un bateau négrier en 1839.

• **Autant en emporte le vent**
Film américain de Victor Flemming (1939), d'après le livre de Margaret Mitchell. Une saga dans le sud des États-Unis pendant la guerre de Sécession.

• **Spartacus**
Film américain de Stanley Kubrick (1960). L'histoire du gladiateur révolté en 73 avant J.-C.

• **Gladiator**
Film américain de Ridley Scott (2000). Un gladiateur combat l'empereur (et tyran) Commode.

MAR 3 1 2006

Index

Réponses au quiz

1	B	**7**	A
2	C	**8**	B
3	C	**9**	C
4	A	**10**	C
5	C	**11**	A
6	B	**12**	B

Responsable éditorial : Bernard Garaude
Directeur de collection : Dominique Auzel
Suivi éditorial : Anne Vila
Assistante d'édition : Géraldine Tranchant
Correction : Élisée Georgev
Iconographie : Anne Lauprête
Conception graphique : Anne Heym
Maquette : Sandrine Lucas
Couverture : Bruno Douin

Illustrations : Jean-Pierre Joblin
pour les pages : 3, 4-5, 6-7, 18-19

Crédit photo
Couverture : (haut) : © Rue des Archives /
(bas) : © Dorigny – Sipa / (dos) © Jean-Pierre Joblin
p. 8 : © M. Graham-Stewart – Collection Privée –
Bridgeman Art Library / p. 10 : © Collection Roger
Viollet / p. 11 : © Ashmolean Museum, Oxford, UK –
Bridgeman Art Library / p. 12 : © British Library, London,
UK – Bridgeman Art Library / p. 14 : © Rue des Archives –
The Granger Collection NYC / p. 16 : © Collection Roger
Viollet / p. 20 : © Rue des Archives / p. 21 : © Rue des
Archives – TAL / p. 22 : © Collection Roger Viollet
p. 25 : © *Proclamation de l'abolition de l'esclavage
dans les Colonies françaises, 23 avril 1848*, 1849,
F. A. Biard, Château de Versailles – Lauros – Giraudon –
Bridgeman Art Library
p. 26 : © Rue des Archives – The Granger Collection NYC
p. 27 : © Harlingue – Roger Viollet
p. 28 : © Boyer – Roger Viollet
p. 29 : © Dorigny – Sipa
p. 30 : © Corbis Sygma
p. 31 : © Dorigny – Sipa

© 2004 Éditions MILAN
300, rue Léon-Joulin,
31101 Toulouse Cedex 9 France
Droits de traduction et de reproduction
réservés pour tous les pays.
Dépôt légal : avril 2004.
ISBN : 2-7459-1379-4
Imprimé en Espagne.

Derniers titres parus

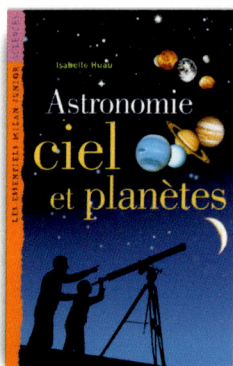

43. Astronomie,
ciel et planètes
Isabelle Huau

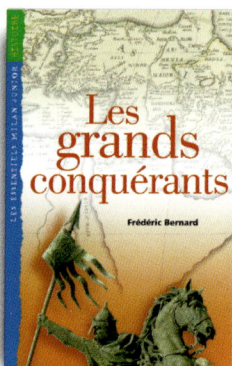

44. Les grands conquérants
Frédéric Bernard

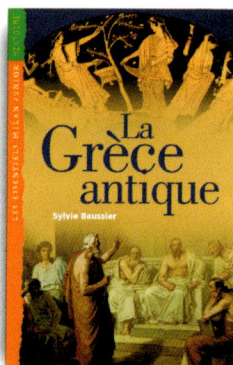

45. La Grèce antique
Sylvie Baussier

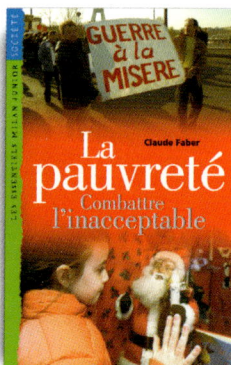

46. La pauvreté.
Combattre l'inacceptable
Claude Faber

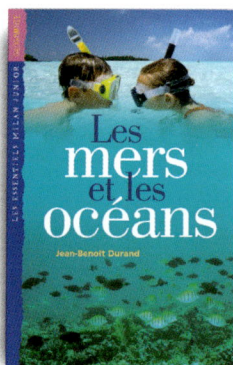

47. Les mers et les océans
Jean-Benoît Durand